AF230476

Lb 4
328

OPÉRATIONS MILITAIRES

DE S. A. R. MGR LE

DUC D'ANGOULÊME,

DANS LE MIDI DE LA FRANCE, EN 1815.

MONTPELLIER, IMPRIMERIE DE Mme Ve PICOT, NÉE FONTENAY,
SEUL IMPRIMEUR DU ROI, PLACE LOUIS XVI, N.° 200.

OPÉRATIONS MILITAIRES

DE S. A. R. MGR LE

DUC D'ANGOULÊME,

DANS LE MIDI DE LA FRANCE, EN 1815.

PAR M. PAGEZY DE BOURDELIAC,

CAPITAINE AU CORPS ROYAL D'ÉTAT-MAJOR, CHEVALIER DE LA LÉGION D'HONNEUR, MEMBRE DE L'ACADÉMIE DE CHALONS-SUR-MARNE, ETC.

» L'honneur a fait dans tous les
» temps la partie la plus solide
» de la gloire. »

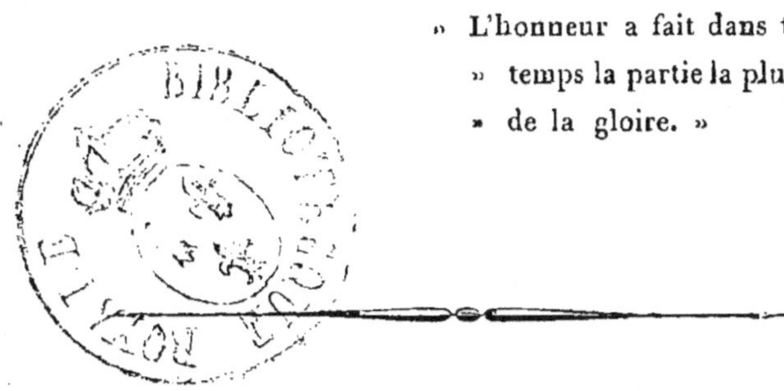

PARIS,

ANSELIN ET POCHARD (SUCCESSEURS DE MAGIMEL),
LIBRAIRES POUR L'ART MILITAIRE, RUE DAUPHINE, N° 9.

1823.

AVANT-PROPOS.

PLUSIEURS Ouvrages, publiés dès 1816, ont fait connaître les événemens qui, dans le Midi, précédèrent les *cent jours*. Toutefois, si l'on observe que les opérations de Mgr le Duc D'ANGOULÊME ont été considérées, dans tous ces écrits, bien plus sous un point de vue politique, que sous celui des détails et des combinaisons stratégiques, l'on sentira facilement combien il serait nécessaire, pour l'histoire militaire du temps, de dégager les événemens de l'irritation des partis, et de dire ce qui fut fait alors par un Fils de France, pour garantir les intérêts de sa nation et les droits de sa couronne.

Tel est le but que nous nous sommes

proposé. Mais nous avons voulu, surtout, qu'au moment où l'auguste Fils de saint Louis marche rapidement à la conquête d'une paix glorieuse, son armée le trouvât, dans les revers, comme au sein de la victoire, toujours l'exemple des Braves, le père de ses Soldats et le modèle des Princes.

TABLE DES MATIÈRES.

OPÉRATIONS MILITAIRES

DE S. A. R. M.ᴳᴿ LE

DUC D'ANGOULÊME,

DANS LE MIDI DE LA FRANCE, EN 1815.

§. I.ᵉʳ

DÉPART DU DUC D'ANGOULÊME DE BORDEAUX. — ARRIVÉE A NISMES. — PLAN D'OFFENSIVE.

NAPOLÉON, débarqué à Cannes le 1.ᵉʳ mars, avait déjà trouvé le pont de Sisteron sans défense, Grenoble et Lyon occupés par ses partisans, lorsque M.gr le duc d'Angoulême reçut, à Bordeaux, des ordres du Roi, qui, en l'investissant du gouvernement du Midi, lui prescrivaient d'en assurer la défense.

Le Prince partit aussitôt, se dirigeant par Toulouse, Carcassonne, Narbonne et Montpellier. Le 13 mars, S. A. R. arriva à Nismes, où elle établit son quartier-général; le 15, elle se présenta à Avignon, parcourut ensuite la huitième division militaire, et après s'être entendue, à Marseille, avec le maréchal

Masséna, sur tout ce que les circonstances pouvaient exiger (1), elle revint dans le département du Gard, devenu le point principal de ses opérations.

La marche rapide de Napoléon et sa réunion avec le maréchal Ney, ne laissaient que trop pressentir le sort de la Capitale. C'est sur cette hypothèse, que l'événement allait malheureusement justifier, que le Prince dut établir son plan de défense et d'attaque : l'autorité royale devait maintenant se centraliser tout entière dans cette portion de la France, qui, des bords de la Gironde aux Bouches-du-Rhône, était encore inattaquable à la trahison. Le siége du Gouvernement fut donc établi à Toulouse, et les deux Chambres devaient y être convoquées pour y représenter la nation. A Bordeaux, *Madame* dirigeait, d'une main ferme, les 10.me et 11.me divisions militaires. L'offensive devait être déterminée, dans cette partie, par une opération sur Angoulême, afin d'augmenter les forces en montrant de la confiance, et de lier les opérations avec la Vendée, en se rapprochant de Poitiers. Le reste de la ligne, vers le centre, déterminé par le cours de la Dordogne, devait être seulement observé, le pays que traverse cette rivière présentant de grandes difficultés de terrain, et n'ayant pour communication, vers Tulle et Périgueux, que des défilés qu'on pouvait confier

---

(1) Lettre de M.gr le duc d'Angoulême au maréchal. (**Mémoire justificatif du maréchal Masséna**, page 33.)

au seul zèle des habitans. Cette première ligne défensive était appuyée en arrière par celle du Lot, et
liée, par les montagnes de la Lozère, avec les opérations de droite. Enfin, en cas de revers, le Tarn
présentait encore un accès difficile ; Montauban
couvrait Toulouse ; Blaye appuyait la rive droite
de la Gironde ; et Bayonne, comme place d'armes,
devait renfermer les secours en matériel.

Telles étaient les dispositions prises dans l'Ouest
du gouvernement de Monseigneur.

Sur les bords du Rhône et de la Durance, le
Prince avait une attitude plus imposante : peu couvert
par la position topographique des lieux, n'ayant pas
de points militaires qui pussent assurer une ligne
défensive, et d'ailleurs les circonstances ne permet-
tant pas d'écouter les conseils d'une timide circonspection, S. A. R. se détermina à une attaque rapide,
et signala Lyon comme l'objet de sa première
conquête.

En conséquence, il fut arrêté que trois corps
d'armée, composés de volontaires royaux, de gardes
nationales et de troupes de ligne seraient organisés :
le premier à Sisteron, sur lequel seraient dirigés
toutes les forces de la Provence ; le deuxième, au
Pont-St.-Esprit, comprenant dans ses cadres celles
des Pyrénées orientales, de l'Aude, de l'Hérault, du
Tarn, de l'Aveyron et du Gard ; le troisième, ayant
Clermont pour point de concentration, réunissant

les braves de la Lozère, du Cantal et du Dôme; ceux du Puy et de l'Ardéche, dirigés par le lieutenant-général Rey, devaient suivre et assurer le mouvement général sur la rive droite du Rhône.

Marseille, Nismes, Toulouse, Sisteron, le Pont-S.ᵗ-Esprit devenaient places de dépôt. Toulon, Cette et Perpignan renfermaient un matériel considérable en munitions de guerre, et, par leur position, offraient plus d'un moyen de salut.

Enfin, cette offensive inspirait d'autant plus de confiance, qu'elle devait augmenter l'élan national, et que les 8.ᵐᵉ, 9.ᵐᵉ, 10.ᵐᵉ et 11.ᵐᵉ divisions militaires, qui formaient la base des opérations, paraissaient assurées par les généraux Masséna, Ambert, Laborde et Decaen, auxquels le commandement en avait été confié.

Mais les nouveaux élémens qui allaient concourir à l'organisation des forces royales, firent sentir à S. A. R. que les commandemens en chef des masses destinées à agir, ne pouvaient être donnés qu'à des généraux qui joignissent, à une belle réputation dans l'armée, l'entière confiance de ceux qui devaient leur être soumis. Aussi, cette considérationt fit-elle porter son choix sur des officiers que le Midi avait vus naître, et connus de leurs compatriotes par de brillans faits d'armes : les généraux Ernouf, Compans et Merle furent appelés, par le duc d'Angoulême, à l'honneur d'être ses lieutenans. Le premier eut ordre de se rendre à Sisteron (1); le comte Compans, à Clermont (2); et le général Merle était à Nismes pour y commander le deuxième corps (3), avec lequel devait opérer S. A. R.

---

(1) Le premier corps d'armée, qui s'y trouvait, était composé ainsi qu'il suit :

Commandant en chef : M. le lieutenant-général Ernouf;

Maréchaux-de-camp : MM. Gardanne, Peyremond et Loverdo;

Chef d'état-major : M. le Colonel baron de Jessé.

FORCES.

Le 58.e de ligne, M. Regnault, colonel. . .	960 hom.
Le 83.e id. M. Maréchal, colonel. . .	920
Trois compagnies du 87.e de ligne	200
Dépôt du 9.e de ligne, commandé par M. Chandeson	320
Gardes nationales et compagnies franches .	3,200
Canonniers	75
TOTAL.	5,675 hom.

(2) Le troisième corps, qui devait se former à Clermont, ne fut point organisé.

(3) Le deuxième corps, qui fut formé à Nismes, était composé ainsi qu'il suit :

Commandant en chef : M. le lieutenant-général comte Merle;

Commandant l'avant-garde : M. le lieutenant-général Monnier;

Maréchaux-de-camp : MM. le comte de Vogüé et Pelleport;

Chef de l'état-major : M. le commandant Lahondès-Duroure.

Toutefois, tandis que ces dispositions générales étaient prises, et que, de tous les points du Midi, s'ébranlait avec un joyeux courage une jeunesse dévouée, Napoléon entrait à Paris. Monseigneur l'annonça sans crainte; mais l'occupation de la capitale lui prescrivait d'activer ses opérations. Dejà assez de forces étaient réunies au Pont-S.ᵗ-Esprit et à Sisteron; d'autres étaient échelonnées, ou se préparaient dans les divers départemens, et l'on pouvait compter sur de prompts secours. Aussi, le général Ernouf, concentré dès le 25 mars à Sisteron, recevait l'ordre de commencer son mouvement, de se porter sur Gap et de là sur Grenoble, observant d'être toujours à la hauteur de S. A. R. qui, à la tête du deuxième corps, allait déboucher, par le Pont-S.ᵗ-Esprit, dans la vallée du Rhône, et se porter rapidement sur Valence, pour s'emparer

---

FORCES.

Le 10.ᵉ de ligne, M. le comte d'Ambrugeac, colonel . . . . 950 hom.

1.ᵉʳ Royal étranger, de Montferret, major . 300

14.ᵉ de chasseurs, Lemoine, colonel. . . . 250

Gardes nationales du Gard, de l'Hérault, de Vaucluse, etc. 3,250

Canonniers 80

TOTAL. . . . . . . 4,830 hom.

Douze bouches à feu, dont deux servies par les gardes nationales.

du cours de l'Isère. A cet effet, le comte Merle prescrivait au général Monnier, à Avignon, de quitter,
sur le champ, cette ville, avec tout ce qu'il pouvait
avoir de disponible et de joindre l'armée à Montélimart. Le comte Compans se dirigeait en même
temps sur Clermont, pour lier ses opérations avec
le général Rey, échelonné, dans son mouvement sur
le Rhône, par une colonne du deuxième corps, jetée
sur la rive droite de ce fleuve.

Les trois corps d'armée avaient Lyon pour point
de concentration, et leurs mouvemens, bien coor-
donnés, devaient les faire trouver le même jour,
sous les murs de cette ville.

S. A. R. ayant ainsi déterminé son projet d'offensive, quitta Nismes, au milieu des acclamations d'un
peuple fidèle. Avant son départ, des mesures avaient
été concertées pour assurer toutes les branches de
l'administration et le prompt recrutement de l'armée.
Le Maréchal Pérignon était nommé au commandement supérieur de Toulouse, le général Ambert
répondait du sien, et le vicomte de Briche, laissé
à Nismes, promettait une inviolable fidélité.

§. II.

OFFENSIVE. — PASSAGE ET COMBAT DE LA DRÔME.

PLEIN de cette sécurité, si naturelle à un cœur magnanime, le Prince arriva le 28 mars au Pont-St-Esprit. Déjà l'ennemi prenait l'initiative. Dès le 30, le général Debelle se présenta devant Montélimart, à la tête d'un escadron de chasseurs à cheval, de quelques compagnies de vétérans, de gendarmerie et de gardes nationales ; mais prévenu dans son mouvement, il trouva la ville occupée par le vicomte d'Escars, qui, avec une avant-garde peu nombreuse, repoussa vaillamment son attaque, le força de positions en positions, et eût poursuivi vivement ses avantages, si un détachement de cinquante chasseurs à cheval ne l'eût abandonné.

En même temps arrivait à la Palud le comte Monnier, avec neuf cents hommes du département de Vaucluse. Ce général devait prendre le commandement de l'avant-garde du deuxième corps.

Enfin, le premier avril, le prince déboucha de Montélimart, suivi du 10.e de ligne, du Royal étranger, des gardes nationales et de six pièces de canon.

Le lieutenant-général Merle avait été laissé au

Pont-S.t-Esprit avec deux bataillons de volontaires, un détachement du 1.er régiment étranger et quelques pièces de canon, pour veiller à la défense du Pont. Ce point était d'autant plus important, qu'il assurait la ligne d'opérations avec toute la partie du Gouvernement de Monseigneur, placée sur la rive droite du Rhône.

Le 2 avril, l'armée royale continuait sa marche sur la route de Valence, éclairée par sa cavalerie et le 2.e étranger, lorsque l'ennemi déploya une partie de ses forces en avant de la petite ville de Loriol. Quelques compagnies de volontaires royaux et les voltigeurs du 10.e attaquèrent avec vigueur : Loriol fut emporté.

Retiré sur la rive droite de la Drôme, l'ennemi parut déterminé à défendre le passage du Pont, auprès duquel se présente une très-forte position. Sa gauche, formée des troupes hors de ligne, s'appuyait aux hauteurs et les couvrait. De la gendarmerie, les hussards du 4.e et quelques gardes d'honneur défendaient sa droite du côté de la plaine. Deux cents canonniers du 4.e d'artillerie, avec deux pièces de huit occupaient le Pont et étaient soutenus par un bataillon du 39.e de ligne.

Le Prince, après avoir reconnu lui-même la position, sentit quelle en était l'importance et l'influence que devait avoir le résultat de cette première rencontre sur la suite des opérations. Deux moyens se présentaient pour effectuer le passage : le premier était une attaque de vive force, dépendante du courage et de l'impétuosité; le second était d'observer seulement le débouché du Pont et de porter, par un mouvement de diversion, une grande partie des forces sur la droite. On obligeait ainsi l'ennemi à la retraite, en débordant et menaçant son flanc gauche; mais ce dernier parti, qui offrait beaucoup à la probabilité du succès, sans rien compromettre, et qu'il eût fallu préférer dans l'état ordinaire d'une bataille ou d'un combat, devait être rejeté dans les circonstances difficiles où l'on se trouvait placé; car il fallait donner de l'éclat aux premiers faits d'armes. D'ailleurs, se borner à faire retirer l'ennemi n'était pas le détruire; ses forces se seraient augmentées par sa concentration même, et l'action, évitée à la Drôme, devait offrir plus d'incertitude et de crainte sur les bords de l'Isère, rivière d'un bien plus difficile accès.

Le premier projet l'emporta donc, et les instans ne furent pas perdus en démonstrations inutiles. Déjà une charge de cavalerie avait trouvé inébranlable une compagnie de grenadiers du 10.ᵉ, lorsque S. A. R. donna le signal de l'attaque. Le mouvement commença par la droite; quatre pièces de canon et deux obusiers, dirigés sur les collines de Livron, ainsi que sur le pont, eurent bientôt ébranlé, par un feu suivi, les troupes qui les couvraient. Cette hésitation fut le signal du passage; un bataillon de volontaires royaux, de la droite, entrait au pas de charge dans la rivière, la passait ayant de l'eau jusqu'à la poitrine, débusquait l'ennemi des hauteurs, et l'attaquait sur son flanc gauche, tandis que quelques compagnies, détachées au-dessous du pont vers le Rhône, menaçaient et maintenaient son aile droite.

En même temps, le 10.ᵉ, qui, après avoir débouché de Loriol, s'était placé en colonne un peu en arrière, recevait l'ordre de s'emparer d'un moulin qui touchait à la culée du pont. Cent cinquante grenadiers y furent jetés, tandis que les voltigeurs, placés dans une ferme sur la droite de la route, forçaient l'ennemi à reculer son artillerie. Dans cet instant, le 39.ᵉ régiment seul gardait le pont; dans tout le reste de la ligne régnait le plus grand désordre. S. A. R. comprit que le moment était venu de terminer, par un coup d'audace, une action si vaillamment commencée; aussitôt elle s'élance et l'intrépidité la suit: les grenadiers et les voltigeurs du 10.ᵉ se précipitent sur le pont; rien ne résiste, tout fuit. L'artillerie est prise, et 800 prisonniers, loin de regretter la victoire, bénissent, pour la première fois peut-être, la paternelle clémence du vainqueur.

Après l'action, l'armée royale bivouaqua au village de la Paillasse, au lieu de pousser le même jour jusqu'à Valence, tant la sollicitude du Prince cherchait à prévenir les excès de la soldatesque, et à ramener les esprits par la bonté. Ce ne fut donc que le 3 avril qu'il fit son entrée au chef-lieu du département de la Drôme, et qu'il s'annonça non en guerrier qui sait vaincre, mais en père qui veut pardonner. « Habitans, leur disait-il, l'ennemi de la » France a passé près de vous, vous l'avez souffert ; » la guerre civile, une invasion étrangère, tels sont » les tristes résultats de la trahison des uns, de la » crédulité ou de l'infidélité des autres. Des hommes » étrangers au nom français, ou intéressés au dé- » sordre, se sont armés pour une cause qui se fonde » sur la violence et sur la trahison ; mais ils sont en » petit nombre. Ceux qui ont voulu s'opposer à » mon passage ont été dispersés. Je suis venu ici » non pour vous punir, vous l'êtes assez par les » maux, suite nécessaire d'une guerre intestine ; je » viens vous sauver de l'oppression et vous rappeler » à vos sermens. »

S. A. R. ne s'arrêta d'abord que peu d'instans à Valence, et poursuivit rapidement ses avantages. L'ennemi, vivement poussé, n'avait pu détruire le pont et couler les bacs qui étaient sur l'Isère : malgré tous ses efforts l'on s'empara des passages, et 1500 hommes, avec deux pièces de canon, furent jetés sur la rive droite, afin d'assurer la position de Valence, qui allait devenir centrale, jusqu'à ce qu'on connût le mouvement du corps aux ordres du général Ernouf.

Quant à la colonne qui remontait le Rhône, du côté opposé, sa marche était des plus satisfaisantes ; elle était arrivée à Tournon, poussant et mettant en fuite quelques troupes de paysans armés.

Rentrée à Valence, S. A. R. avait reçu des députations du Forez et du Velay, qui l'assuraient de la fidélité de ces deux provinces, et de leur levée en masse dès l'occupation de Lyon. En même temps des intelligences secrètes, qu'on avait dans cette ville, ne laissaient aucun doute sur la plus grande partie de ses intrépides habitans : les citoyens qui avaient long-temps bravé les périls pour la cause du Roi martyr, offraient leurs bras à sa famille. Lyon n'était occupé que par 800 hommes d'infanterie, placés à S.ᵗ-Rambert, avec quelques pièces d'artillerie.

D'un autre côté, d'heureuses probabilités faisaient penser que le général Ernouf avait réussi dans sa marche, et l'on en attendait impatiemment la nouvelle pour continuer le mouvement. Ainsi les événemens et les calculs de la prévoyance paraissaient se réunir pour ajouter à la confiance inspirée par les premiers succès.

§. III.

DÉFECTIONS. — MOUVEMENT DU PREMIER CORPS D'ARMÉE, SOUS LES ORDRES DU GÉNÉRAL ERNOUF.

MAIS, tandis qu'un fils de France remplissait noblement la tâche imposée à sa valeur, de graves circonstances allaient rendre tant d'efforts inutiles. Dès le 2 avril, le lieutenant-général Clausel s'emparait de la Bastide (1), à la tête d'un corps de troupes, et MADAME quittait Bordeaux, pour ne pas exposer ses fidèles habitans *aux coups de la vengeance* (2), tempérant ainsi son héroïque courage par une angélique vertu.

A peu près dans le même instant, des mouvemens

---

(1) Vis-à-vis de Bordeaux, sur la rive droite de la Gironde.

(2) Avant de s'embarquer au port de Pouillac, *Madame* adressa aux Bordelais ces touchans adieux : « Braves Bordelais! » votre fidélité m'est connue. Votre dévouement sans bornes » ne vous permet pas de voir le danger; mais mon affection » pour vous, pour tous les Français, me fait une loi de les » prévoir. Mon séjour plus long-temps prolongé dans votre » ville pourrait rendre votre position périlleuse, et vous » exposer aux coups de la vengeance. Je n'ai pas le courage » de voir des Français malheureux et d'en être cause. »

insurrectionnels avaient éclaté à Tulle, Périgueux, Clermont, Cahors, Alby et Rodez. Toulouse, centre du gouvernement, avait dû reconnaître le droit de la force (1); Perpignan, Montpellier et Nismes venaient d'obéir à la même impulsion (2).

Dans cette dernière ville, le général Gilly organisait, à la hâte, le *premier corps de l'armée impériale* (3), dont il prenait le commandement en chef, et appelait aux armes (4) les habitans du Gard.

Ce fut le 6 avril que ces dernières mesures furent officiellement annoncées, et déjà, dès le lendemain, l'on devait agir sur les derrières de l'armée royale, pour couper toute retraite à S. A.

Tels étaient les tristes événemens qui venaient d'enlever au Prince toutes les ressources qu'il pouvait attendre de cette immense partie de son gouvernement, comprise entre les bords de l'Océan et la rive droite du Rhône.

Au-delà de ce fleuve, vers les Alpes, s'offrent les mêmes résultats.

Ainsi que nous l'avons annoncé, le premier corps, concentré à Sisteron, s'était porté en avant, dès le 30 mars, afin d'opérer à la hauteur de S. A. R. et

---

(1) Le 4 avril.

(2) Le 3 avril.

(3) Composé des troupes qui se trouvaient encore à Montpellier et à Nismes.

(4) Par une proclamation.

de s'opposer au général Chabert, qui, sorti de Grenoble avec la plus grande partie de la garnison, venait de prendre position à *Travers de corps*. Instruit de ce mouvement, le général Ernouf partagea ses forces en deux colonnes : la première, composée du 58.ᵉ régiment de ligne, d'une partie du 87.ᵉ, d'une compagnie d'artillerie et d'un bataillon de gardes nationales, commandée par le maréchal-de-camp Gardanne, recevait l'ordre de se porter sur Saint-Bonnet, point fixe pour sa station; mais il était surtout recommandé à ce général de ne pas entrer dans Gap. D'un autre côté, le comte de Loverdo, avec le 83.ᵉ régiment, le dépôt du 9.ᵉ et des gardes nationales, se dirigeait sur Lamure, par Serre et Aspremont. Par cette manœuvre, le général Chabert était tourné dans sa position de *Travers de corps*, coupé dans sa ligne d'opération avec Grenoble, et d'un favorable engagement pouvait dépendre la reddition de cette place, qui n'avait alors que de faibles moyens de défense. Mais le général Gardanne, au lieu de se porter directement sur S.ᵗ-Bonnet, ainsi qu'il en avait reçu l'ordre, pénétra dans Gap, avec sa troupe, et parlementa avec l'ennemi !..... Le baron Ernouf, arrivé peu d'heures après, parvint seulement à faire rétrograder quelques compagnies du 87.ᵉ et une partie du dépôt du 9.ᵉ Il prévenait en même temps le comte Loverdo de cette défection, et lui donnait l'ordre d'effectuer sa jonction avec le deuxième corps.

Ainsi, abandonné d'une partie de sa division, dans son mouvement d'offensive, le général Ernouf effectua sa retraite sur Sisteron, fit mettre la citadelle en état de défense, garder le Pont de Sauvienne, les portes de Tallard, l'entonnoir de Miollans, et rendit compte à M. le duc d'Angoulême du fâcheux résultat qu'une défection inattendue venait de produire.

§. IV.

RETRAITE.

CE fut dans la journée du 4 avril que cette dernière nouvelle parvint à S. A. R., et que furent aussi connus les événemens de Nismes. Dès-lors, coupé dans sa ligne d'opérations, manœuvré sur son flanc droit par les troupes de Grenoble, bientôt pressé sur son front par celles du général Piré, que le comte de Grouchy allait rejoindre (1), le Prince sentit que tous ses efforts devaient tendre désormais à conserver, au Roi, cette portion du territoire déterminé par le cours du Rhône, celui de la Durance, et la chaîne des Basses-Alpes.

En conséquence, un mouvement rétrograde est ordonné, et l'on indique la Durance comme la nouvelle ligne derrière laquelle doivent se réunir tous les corps de l'armée royale.

Mais, reculant sans rien précipiter, le Prince ne marche de sa personne qu'après qu'il peut être moralement convaincu que tous les mouvemens secondaires sont commencés. Ainsi, ignorant la défection du 83.ᵉ régiment et la retraite du comte de Loverdo

---

(1) Proclamation du comte de Grouchy aux Lyonnais, dans laquelle il annonce l'arrivée de plusieurs régimens.

sur Sisteron (1) , il prévient ce général du point de retraite, et s'arrête pour l'échelonner.

La colonne qui opérait sur la rive droite du Rhône, recevait aussi l'ordre de descendre ce fleuve jusqu'au Pont-Saint-Esprit.

Quant au troisième corps, qui devait déboucher par Clermont , le général Compans n'avait pu en opérer la formation , attendu que la ville de Mende, placée sur la ligne d'opérations , avait été forcée de reconnaître une autorité nouvelle.

Enfin, M. le comte Merle, qui avait appris, dès le 3 au soir, au St-Esprit, la révolution de Nismes, était prévenu par S. A. R. des nouvelles dispositions arrêtées , et recevait l'ordre de prendre toutes les mesures nécessaires pour mettre le point qui lui était confié, en état de défense, à l'effet d'y tenir le plus long-temps possible. Cette position devait protéger, maintenant, le mouvement de retraite sur la rive gauche du Rhône , et faciliter ainsi l'arrivée de la colonne qui descendait sur la rive droite, et dont la concentration au Saint-Esprit présenterait une masse capable d'opposer une vigoureuse résistance, je dis plus , de balancer les avantages.

Par conséquent , de l'occupation de la ville du Saint-Esprit et de sa défense , allaient dépendre et le salut de l'armée et la liberté d'un Bourbon.

____

(1) Le comte de Loverdo fut obligé de rétrograder sur Sisteron , n'ayant pu parvenir à se réunir à S. A. R.

Une citadelle bastionnée avoisine le pont construit sur le Rhône ; une de ses faces appuie au fleuve et touche la culée ; deux autres battent la campagne. La quatrième, où est la porte d'entrée, se trouve vis-à-vis la ville, et longe l'avenue du pont. Considérée depuis long-temps comme dépôt, cette citadelle avait de fortes dégradations : une brèche, même assez considérable, avait été faite sur l'une des courtines. Des ordres furent aussitôt donnés pour s'occuper des réparations nécessaires ; mais, par une fatalité sans exemple, rien ne se fait ; et, tandis que le général Gilly quitte Nismes, et s'avance avec son corps d'armée, la route reste sans coupure, sans abatis, la ville sans barricades, et l'entrée de la citadelle, qui n'a plus de pont-levis, n'offre pas même une barrière capable de résister au plus léger coup de main !

Ces retards apportés dans les préparatifs de défense, et l'approche de l'ennemi, produisirent une impression fâcheuse dans la garnison : il n'y restait plus, le 4 avril, que quatre cents baïonnettes.

Aussi, le même jour, M. le général Merle en rendait-il compte à S. A. R., la pressait d'activer sa retraite, et offrait de se démettre de son commandement (1). Le même avis fut répété le 5. On ré-

---

(1) Le général Merle dit, dans un mémoire justificatif adressé le 16 octobre 1816, à S. A. R. M.gr le Duc d'Angoulême, et au Ministre de la guerre : « *J'écrivais à Votre Altesse Royale, le 4 avril, pour me démettre de mon commandement*, etc.

pondit, le 6, qu'il fallait attendre. Mais l'apparition de l'avant-garde ennemie ayant été signalée, le même jour, de Bagnols (ville distante de deux lieues sur la route de Nismes), et M. le comte Merle n'ayant pas, sans doute, la conviction de pouvoir défendre le passage du pont autrement qu'en s'établissant sur la rive gauche du Rhône, prescrivit le mouvement : le lendemain 7 , il fut exécuté (1).

---

(1) La science de la guerre nous apprend toutefois : « *Que les* » *têtes de ponts sont indispensables pour assurer les lignes d'opé-* » *rations, partout où elles traversent les fleuves, contre les partis* » *de l'ennemi qui peuvent se glisser sur les derrières de l'armée,* » *et enfin, que ce sont elles qui protègent les retraites des ar-* » *mées battues.* » (Considérations sur l'art de la guerre, par Rogniat, pag. 282.)

Ce principe, invariable en stratégie, et que de nombreux exemples de guerre ont justifié, vient nous démontrer l'importance de la position du Saint-Esprit, considérée comme tête de pont :

1.º Ce point couvrait *les derrières de l'armée* de Monseigneur contre *les partis ennemis* qui, dès le 3 avril, s'étaient formés à Nismes, et dont on connut aussitôt les projets d'agression;

2.º Ce point protégeait *seul* la retraite de l'armée royale ; car de Nismes seul devaient se diriger des troupes sur la ligne d'opérations par la rive droite du fleuve. Le S.t Esprit défendu, la retraite pouvait s'effectuer tranquillement par la rive gauche jusqu'à la Durance : le drapeau blanc flottait à Avignon, et des bataillons marseillais, arrivés le 7 à Château-Renard, auraient échelonné la marche de S. A. R. ;

3.º Enfin, en défendant le pont du Saint-Esprit, le Duc

Dans cette nouvelle disposition de combat, M. le comte de Vogüé fut laissé au pont avec le reste de

---

d'Angoulême, une fois à Lapalud, pouvait opter entre deux partis à prendre. Le plus simple était de se porter rapidement derrière la Durance, d'occuper Avignon, autant que possible, et d'établir ensuite un plan de défensive en Provence, son corps d'armée et celui du général Ernouf pouvant présenter encore un effectif de 6,000 baïonnettes. Le second parti, plus audacieux sans doute, et peut-être par cela même plus sûr, eût été de déboucher dans le département du Gard par le Pont-Saint-Esprit, qu'on aurait fait garder, et de marcher à la rencontre de l'ennemi. Un premier choc heureux eût déterminé une insurrection générale, et dès-lors on se serait soutenu. D'ailleurs, en cas de revers, la ville de Beaucaire aurait offert un point de retraite assuré; car des forces venues de la Provence auraient pu occuper cette tête de pont. Ainsi, dans cette dernière hypothèse, combattue, je n'en doute pas, par quelques esprits méthodiques, ennemis de l'initiative, le Saint-Esprit devait encore être défendu.

Tel était le rôle important que devait jouer cette position militaire dans le plan de défensive arrêté par S. A. R. Que fut-il fait pour le seconder? Rien. Disons ce qu'on aurait dû faire.

Ainsi que nous l'avons vu, l'insurrection de Nismes eut lieu dans la matinée du 3 avril, et le soir de la même journée cet événement fut connu au Saint-Esprit.

Depuis cette époque jusqu'à la journée du 7, c'est-à-dire, *dans l'espace de quatre jours, la place du Saint-Esprit pouvait-elle être mise en un état de défense tel qu'on pût empêcher le passage du Pont avec les 400 hommes qui restaient de sa garnison?* Voilà, je crois, la question à laquelle doivent se

sa troupe , et M. le comte Merle fut s'établir au village de Montdragon.

---

réduire toutes les hypothèses , et je ne crains pas d'en soutenir l'affirmative.

D'abord , dans la première , et qui serait la plus défavorable , nous supposons que l'entrée du pont est à découvert , que rien n'en défend le passage , et que , poussé par des troupes victorieuses , notre détachement de 400 hommes gagne quatre journées de marche sur l'ennemi (car ici l'ennemi ne se présenta que le quatrième jour devant le Saint-Esprit) , arrive au pont , et reçoit l'ordre du commandant en chef , qui est sur la rive opposée , de le défendre jusqu'à l'extrémité.

Mais pour défendre un passage , il faut , lorsqu'on est en petit nombre , appuyer la valeur par des ouvrages de l'art , afin d'augmenter la confiance et de prolonger le courage. On établira donc un retranchement.

En admettant qu'il y ait seulement 120 hommes du détachement qui travaillent alternativement , afin de ne pas trop se fatiguer, nous trouverons (d'après le général Rogniat) que, dans les premières quarante-huit heures , l'on aura pu construire une tête de pont de 120 toises de développement.

Si donc, dans les premiers jours, on peut établir une ligne de défense , combien ne pourra-t-on pas y ajouter pendant les deux journées qui doivent suivre encore avant l'approche de l'ennemi ? Doutez-vous enfin de pouvoir tenir dans le retranchement ? Que ne peut-on espérer en barrant l'entrée du pont par une simple *palanque* (1).

Donc, dans la circonstance la plus défavorable , le passage

---

(1) Nous voulûmes fortifier Dresde (dit le général Rogniat , en parlant de la campagne de 1813), pour mettre nos ponts sur l'Elbe à l'abri d'une attaque. Mais, comme nous étions loin alors de prévoir la direction que prirent

Mais au lieu de rânimer la confiance, ce nouveau mouvement la fit évanouir. Quel que fût le dévouement des officiers supérieurs et leur mâle résolution, des soldats jeunes encore, peu faits aux fatigues et aux sacrifices, ne purent comprendre qu'il fallait rester au poste qu'on leur avait assigné, quoiqu'il

---

du Pont-St-Esprit pouvait être défendu. Nous avons démontré qu'il devait l'être.

Maintenant examinons le terrain. Ici ce n'est point une tête de pont qu'il faut construire, tout est fait pour la défense. On arrive au pont par une route flanquée, sur la gauche, d'une citadelle bastionnée, et à droite par la ville du Saint-Esprit. Il ne s'agissait que d'établir un pont-levis, fermer une brèche de deux toises d'ouverture, placer quelques pièces sur les remparts et barricader les portes de la ville, pour mettre la citadelle à l'abri d'un coup de main, je dirai plus, pour la rendre susceptible d'une longue défense ; car une défense est toujours proportionnée à l'attaque. Or, que pouvait être l'attaque formée par les troupes parties de Nismes, alors qu'on n'aurait pu réunir qu'à la longue, l'artillerie et l'infanterie nécessaire pour un siége régulier ? Il eût donc été possible de défendre, au moins pendant deux jours, le passage du fleuve ; et ce temps eût suffi.

---

les armées des Alliés, nous nous bornâmes, sur la rive gauche, à enceindre le faubourg par une *palanque*. Les ennemis ayant passé sur la rive gauche, font les *plus grands efforts* pour forcer nos *faibles fortifications* avec une armée de 200,000 hommes. Deux de nos redoutes sont enlevées, mais la *palanque en arrière arrête tous leurs efforts ultérieurs*, et le feu qui part de cette enceinte en bois, les force enfin à rétrograder après leur avoir fait perdre 10,000 *hommes.*

ne s'y trouvât ni vivres, ni munitions, ni moyens d'établir des travaux de défense. Aussi le général Gilly, qui s'était emparé, sans coup férir, du Saint-Esprit, n'éprouva-t-il pas plus de résistance pour franchir le pont et faire occuper, le même jour, la route de Lyon, au-dessous de Bollène.

Pendant que tout ceci se passait, Monseigneur, qui, dès le 6 avril, avait levé son camp des hauteurs de Valence, arrivait le même jour à Montélimart. C'est là que S. A. R. apprit la détermination du lieutenant-général Merle et le résultat qu'elle avait produit.

Mais cette nouvelle, qui emportait avec elle les dernières espérances, trouva le Prince calme et tranquille; car, dans son noble cœur, l'image du danger s'évanouissait devant celle du devoir. Toutefois, pressée par les événemens qui se succèdent, entourée d'ennemis qui se multiplient avec ses revers, que fera S. A. R.? Résolue à continuer son mouvement de retraite, s'avancera-t-elle vers Montdragon pour forcer le passage? ou bien, se dirigeant vers les montagnes qui sont à sa gauche, cherchera-t-elle à lier ses opérations avec le général Ernouf? Non: ni l'une ni l'autre de ces déterminations ne pouvait être favorable; car, devait-on d'abord se résoudre à attaquer des troupes fraîches, en débouchant de Lapalud, quand on ignorait encore si les dispositions du maréchal Masséna appuieraient ce parti désespéré? D'un autre côté, on ne pouvait opérer une jonction, par les montagnes, avec le premier corps, parce que l'armée royale étant serrée sur son front par le général de Grouchy, manœuvrée sur son flanc droit par les généraux Chabert et Gardanne, une seule marche eût favorisé l'ennemi pour la prendre à revers.

Un troisième moyen restait : c'était que S. A. R. mît du moins sa personne en sûreté, soit en suivant les montagnes avec quelques hommes déterminés, soit en profitant du départ du ministre de Sardaigne, que cette puissance avait envoyé à son quartier-général; mais cette dernière ressource, offerte par le dévouement, trouva le Prince inébranlable : quel que soit le sort de son armée, il sera désormais le sien.

Seulement, comme les nouvelles chances d'un combat ne sauraient présenter que de très-faibles espérances de succès, S. A. R. se détermina à faire porter des paroles de paix, afin d'établir un traité pour assurer le passage de ses troupes et leur conservation. En conséquence, le général d'Aultanne, chef d'état-major, fut envoyé au St-Esprit, afin d'entrer en arrangement avec le commandant du premier corps de l'armée impériale.

§. V.

CONVENTION DE LA PALUD.

Bientôt le Prince fut informé que le général d'Aultanne avait arrêté une convention avec le colonel S.ᵗ-Laurent, commandant l'avant-garde ennemie, et que le port de Marseille lui serait ouvert; mais, peu d'instans après, cette convention fut rompue par le général Gilly, qui prétendit qu'il ne pouvait la ratifier.

Le général d'Aultanne ayant été retenu, malgré l'inviolabilité attachée à son caractère, S. A. R. fit partir aussitôt le maréchal-de-camp, baron de Damas, afin de poursuivre les négociations.

Pendant ce temps, l'armée continua sa marche. Elle arriva à la Palud. Il y eut alors un mouvement d'inquiétude : le temps nécessaire pour le retour de M. de Damas était écoulé, et il ne paraissait point! On craignait une nouvelle violation du droit des gens, quand son arrivée vint enfin terminer les incertitudes et calmer les résolutions. Une convention avait été conclue, elle portait :

« S. A. R. M.gr duc d'Angoulême, commandant » en chef l'armée royale du Midi, et M. le général

» de division, baron Gilly, commandant en chef le
» premier corps de l'armée impériale, pénétrés de
» la nécessité et du désir d'arrêter l'effusion du sang
» Français, ont chargé de leurs pleins pouvoirs,
» pour régler les articles d'une convention qui puisse
» assurer la tranquillité du Midi de la France, savoir:
» S. A. R., M. le baron de Damas, maréchal-de-
» camp, sous-chef d'état-major-général; et M. le
» général de division, baron Gilly, M. l'adjudant-
» commandant Lefebvre, chevalier de la Légion
» d'honneur, chef d'état-major du premier corps
» d'armée, lesquels, après avoir échangé leurs pou-
» voirs respectifs, sont convenus des articles suivans:

ARTICLE PREMIER.

» L'armée royale est licenciée. Les gardes natio-
» nales qui en font partie, sous quelque dénomina-
» tion qu'elles aient été levées, rentreront chez elles
» après avoir déposé les armes. Il leur sera délivré
» des feuilles de route pour rentrer dans leurs foyers,
» et M. le général de division, commandant en chef,
» leur garantit qu'il ne sera jamais question de tout
» ce qui a pu être dit ou fait relativement aux
» événemens qui ont eu lieu avant la présente con-
» vention.

» Les officiers conserveront leurs épées, les troupes
» de ligne qui font partie de cette armée se rendront
» dans les garnisons qui leur seront assignées.

Art. II.

» MM. les officiers-généraux, officiers supérieurs,
» d'état-major et autres de toutes armes; les chefs
» et employés de toutes administrations, dont il sera
» fourni un état nominatif à M. le général en chef,
» se rendront dans leurs foyers, en attendant les
» ordres de S. M. l'Empereur.

Art. III.

» Les officiers de tout grade qui voudraient donner
» leur démission sont libres de le faire; il leur sera
» accordé de suite des passe-ports pour rentrer dans
» leurs foyers.

Art. IV.

» Les caisses de l'armée et les registres du payeur-
» général seront remis de suite aux commissaires
» nommés à cet effet par M. le général commandant
» en chef.

Art. V.

» Les articles ci-dessus sont applicables aux corps
» commandés par Monseigneur duc d'Angoulème
» en personne, et à tous ceux qui agissent séparé-
» ment sous ses ordres et qui font partie de l'armée
» royale du Midi.

Art. VI.

» S. A. R. se rendra, en poste, au port de Cette,
» où les bâtimens nécessaires pour elle et sa suite

» seront disposés pour la transporter partout où
» elle voudra se rendre ; des postes de l'armée impé-
» riale seront placés à tous les relais, pour protéger
» le voyage de S. A. R., et il lui sera rendu par-
» tout les honneurs dus à son rang, si elle le désire.

Art. VII.

» Tous les officiers et autres personnes de la suite
» de S. A. R., qui désirent la suivre, auront la
» faculté de s'embarquer avec elle , soit qu'ils
» veuillent partir de suite, soit qu'ils demandent le
» temps nécessaire pour arranger leurs affaires
» particulières.

Art. VIII.

» Le présent traité restera secret jusqu'à ce que
» S. A. R. ait quitté le territoire de l'empire.

» Fait en double expédition, et convenu entre
» les chargés de pouvoirs ci-dessus désignés, le hui-
» tième jour d'avril de l'an 1815, sous l'approba-
» tion de M. le général commandant en chef, et
» ont signé.

» Au quartier-général du Pont-Saint-Esprit , les
» jour et an ci-dessus. Le maréchal-de-camp, sous-
» chef d'État - Major général , baron de Damas ,
» *signé*. L'Adjudant-commandant , chef d'État-
» Major du 1.er corps de l'armée impériale du Midi,
» S. Lefebvre , *signé*.

» Approuvé la présente convention par le général

» de division commandant en chef le 1.er corps de
» l'armée impériale du Midi , Baron GILLY , *signé.*
          » Pour copie conforme :
» Le général de division commandant en chef le
» 1.er corps de l'armée impériale du Midi,
              » Baron GILLY , *signé.*
» Le Maréchal-de-camp , sous-chef de l'État-
» Major-Général de l'armée du Midi ,
          » Le Baron de DAMAS , *signé.* »

A peine cette convention venait-elle d'être signée ,
que des ordres furent expédiés aux divers corps
qui étaient sous le commandement de S. A. R. ;
et pendant cette journée et celle qui suivit , les
troupes furent licenciées.

Ce fut enfin dans la soirée du 9 avril que Mgr le
duc d'Angoulême , accompagné de MM. de Damas
et de Guiche , fut conduit au Saint-Esprit , où était
arrivé, dans la même journée , le général comte
de Grouchy. S. A. R. devait croire qu'on lui don-
nerait aussitôt les moyens de continuer sa route ,
et se préparait à partir , lorsque M. de Grouchy
manda le baron de Damas , et fit communiquer
au Prince la note suivante : « *Mgr le duc d'Angou-*
» *lême ayant capitulé avec le général Gilly , et le*
» *Général en chef, qui arrive à l'instant au Pont-*
» *Saint-Esprit, n'ayant point eu de part à cette*
» *capitulation , le général est forcé de ne l'ap-*
» *prouver qu'après avoir pris les ordres de S. M.*
» *S. A. R. est priée ou de s'arrêter au Pont-Saint-*

» *Esprit, ou de se rendre, à petites journées, à*
» *Cette. Les ordres de S. M. arriveront avant que*
» *S. A. R., allant à petites journées, puisse être*
» *rendue à sa destination.* »

Que M. le comte de Grouchy fût investi de tous les pouvoirs, le 9 avril, on ne saurait le contester ; il l'avait fait connaître (1). Mais le 8 le général Gilly était encore *commandant en chef.* Or, écoutons ce que pensait le plus grand capitaine du monde, de cette importante qualité : « *Autre est,* dit César (2), » *le pouvoir d'un lieutenant-général, autre celui du* » *commandant en chef. Le premier ne doit rien* » *entreprendre que selon les ordres qu'il a reçus ;* » *l'autre fait tout ce qu'il juge à propos pour la* » *conduite des affaires.*» Donc le baron Gilly avait, le 8, le droit de conclure une convention, et nul n'avait celui de la rompre. D'ailleurs, quiconque donne un pouvoir, donne en même temps *tout ce qui est nécessaire pour l'exercer* (3) ; et quand bien même celui à qui l'on aurait confié le pouvoir *aurait excédé ses ordres,* on ne laisse pas d'être lié par ses actes, *pourvu qu'il n'ait pas dépassé les bornes du pouvoir attaché à son emploi* (4).

---

(1) Par une lettre qu'il écrivit au général Gilly, datée de Mirande, le 9 avril, à 3 heures du matin.

(2) Guerres civiles, liv. III.

(3) Grotius, de la guerre et de la paix, liv. III, pag. 465.

(4) Grotius,   *idem,*   *idem,*   pag. 466.

Cependant la capitulation est violée. Malgré l'offre faite à S. A. R. *de se rendre*, *à petites journées*, *à sa destination*, son logement est aussitôt transformé en prison d'État : *l'on place des sentinelles jusque sur les toits* (1), et, de tous les officiers attachés à la personne du Prince, le baron de Damas, seul, obtient la permission de communiquer avec lui en présence d'un tiers (2).

Sans doute qu'aux gardes qui l'entourent, qu'aux rigueurs imposées à ses serviteurs, S. A. R. ne se dissimule plus quel est le sort qui l'attend ; mais son ame reste inflexible. Résignée au sacrifice , une seule pensée l'occupe, c'est que, du moins, le Roi ne compromette pas les intérêts de sa couronne. Pénétré de ce noble sentiment qui l'emporte sur toutes ses affections , Monseigneur écrit à son illustre père : « *Je demande au Roi , j'exige même ,* » *qu'il ne cède en rien pour me ravoir ; je ne crains* » *ni la mort , ni la prison , et tout ce que Dieu* » *m'enverra , sera bien reçu.* »

Toutefois, Napoléon, qui ne tarda pas à connaître qu'un fils de France était tombé en son pouvoir , voulut donner à sa politique un caractère de loyauté que l'aspect de l'Europe rendait, pour cette fois, nécessaire. La capitulation fut ratifiée , et le Prince ,

----

(1) Déposition du baron de Damas dans le procès du général Gilly.

(2) Ce témoin était un officier de gendarmerie.

étant libre de partir , s'embarqua le 16 avril à Cette , après avoir donné un nouvel exemple de ces nobles vertus et de cet héroïque courage , qui sont pour les Bourbons comme un héritage de famille.

APPENDICE.

T ELLE est l'esquisse rapide et fidèle des opérations de M.gr le duc d'Angoulême et des circonstances qui les avaient commandées. Cependant l'esprit de critique, ou plutôt d'opposition, ne put alors garder 'le silence; et ce fut au moment où le Prince tentait vaillamment la fortune, que l'on exaltait une timide défensive comme le salut de l'État. Il aurait fallu, d'après certaines gens, « recevoir l'ennemi dans de » bonnes positions, fortifier tous les débouchés, et » convoquer les gardes nationales aux chefs-lieux » des départemens. Buonaparte, jadis si rapide dans » l'exécution de ses projets, ne pouvait maintenant, » disait-on, organiser sitôt ses moyens d'attaque. » C'était, surtout, au Pont-S.ᵗ-Esprit qu'on devait » se concentrer et attendre. »

Mais, si le prestige des réputations, ou la divergence des partis, ont pu protéger un instant ces conseils de la faiblesse, pourrait-on les admettre encore en les discutant de bonne foi ?

Et d'abord, quelle peut être la résolution de S. A. R., alors que la marche de Napoléon vient d'être signalée par une effrayante rapidité, et que la trahison lui

3.

prépare, à chaque instant, des succès nouveaux
et faciles? Faut-il que le Prince attende, immobile
dans les limites de son gouvernement, les forces qui
accourent pour le détruire, au lieu de disposer avec
énergie de l'élan d'un peuple dévoué? Pense-t-on
que lorsque le grand Henri n'avait autour de lui que
deux ou trois cents gentilshommes, et pour trésor
la fortune d'un simple bourgeois, il eût pu prétendre
à vaincre Mayenne et la Ligue, à régner dans Paris,
si, peu confiant dans sa valeur, il s'était retranché
dans son château de Nérac, et eût attendu ses nombreux ennemis, renfermé dans son faible patrimoine?
« *J'ai besoin*, disait-il la veille de la bataille d'Ar-
» ques, *d'une victoire éclatante pour me faire re-*
» *connaître roi de France.* » Et c'était avec trois
mille hommes qu'il osait en attaquer *trente-deux
mille !* La fortune couronna ses héroïques efforts.
Comme son illustre aïeul, le duc d'Angoulême devait s'empresser de combattre. Car « *c'est un para-*
» *doxe*, dit Montécuculli, *que d'espérer de vaincre*
» *sans combats ; on a bien vu des armées faibles*
» *en défaire de fortes, mais on n'a jamais vu une*
» *armée qui se renferme dans un camp, défaire*
» *celle qui vient l'y chercher.* »

Et, d'ailleurs, quelle est donc cette défensive qu'on
proclamait comme le salut de la royauté en péril?
Sur quels principes repose-t-elle? Notre sol peut-il
la favoriser? Qu'exige enfin l'art pour établir un

pareil systême de guerre? Ce qu'il exige? le voici :
« *Il faut que les opérations de cette guerre soient*
» *appuyées sur des places fortes, pour mettre en*
» *sûreté, dans leur sein, les dépôts d'armes et de*
» *munitions ; pour fermer les principaux passages*
» *des montagnes, et faciliter celui des fleuves, sur*
» *lesquels elles forment des têtes de pont; enfin,*
» *pour offrir sous leurs murs un refuge et un asile*
» *aux armées défensives* (1). » Et cette opinion, d'un
général habile, est encore appuyée par celle des
plus grands écrivains militaires (2).

Voilà donc les conditions premières exigées,
sans lesquelles il ne peut y avoir de guerre défensive? examinons, maintenant, s'il était possible de
les remplir : j'ouvre la carte, et j'aperçois le gouvernement de Monseigneur, parcouru, du nord au
midi, par des fleuves qui le pénètrent et des grandes
routes qui en franchissent les limites! Où sont les
citadelles pour en défendre l'accès? ou bien les camps
retranchés qui peuvent du moins retarder, de quelques instans, l'invasion qui se prépare? Comment
arrêter l'ennemi sur une ligne de cent lieues de
développement? sur une ligne où je ne vois que
Blaye, le *Pont-Saint-Esprit*, et *Sisteron* qui puissent

---

(1) Considérations sur l'art de la guerre, par le général
Rogniat.

(2) Montécuculli; Lloyd, Feuquières, et le maréchal de Saxe.

opposer leurs faibles remparts à des troupes qui sauront bien les éviter? Et la frontière étant dénuée de citadelles, rien ne peut retarder l'invasion; car, d'après le systéme de défensive, l'on ne doit point s'opposer de front à la marche de l'agresseur (1). Sans doute quelques passages sont d'un pénible accès : les montagnes de la Lozère, de l'Auvergne et de l'Ardèche présentent des obstacles naturels à vaincre; mais n'est-il pas d'autres points par lesquels l'on puisse pénétrer? Donc, si, malgré cette position locale défavorable, l'on veut se borner à la défensive, il faudra, puisque « *le pays est ouvert et dé-* » *garni de places fortes;* il faudra, dis-je, *l'aban-* » *donner à l'ennemi et se retirer loin de lui, à couvert* » *de bonnes places et de rivières qui puissent l'ar-* » *rêter* (2). » Ainsi, d'après cette maxime de guerre, nous sommes forcés d'évacuer nos provinces sans combattre; le cours du Rhône est livré à l'agresseur, nous devons fuir devant lui; c'est dans Antibes, Toulon, Cette et Perpignan, que nous devons ren-fermer nos espérances, tandis que, vers l'Océan, la ligne de la Gironde, de Toulouse à Bordeaux, étant rendue impuissante par ce mouvement de retraite, Bayonne offrira aussi, vers l'extrémité opposée, un inutile abri. Eh! voilà que, par l'application de ce

---

(1) D'après le général Lloyd et le général Rogniat.
(2) Mémoires du marquis de Feuquières.

système de défensive, tout est détruit dès les premiers instans. Sans combattre, les forces royales sont déjà aux Pyrénées, et le gouvernement de Monseigneur envahi !

J'admets cependant , pour ne pas tout détruire par le principe rigoureux du marquis de Feuquières, que l'on ne se retire qu'avec mesure, qu'on défende le passage des rivières , qu'on dispute celui des montagnes , qu'on repousse même quelquefois les attaques : où cela conduira-t-il ? N'avez-vous pas perdu l'initiative ? Quelle force morale n'ont pas des soldats qui accourent sur ceux qui se retirent ? et quelle confiance voulez-vous inspirer , surtout à des Français , par votre timide circonspection ? « *Ce n'est pas gagner une bataille que de repousser* » *l'ennemi, c'est dans une action offensive , et* » *non dans la résistance , qu'est la victoire* (1). » *D'ailleurs , les meilleures positions défensives* » *sauraient-elles jamais empêcher l'invasion d'un* » *pays* (2) *; et n'est-ce pas toujours au commen-* » *cement d'une guerre qu'il faut aborder les plus* » *grandes difficultés* (3) *?* Aussi appréciant habilement sa position , et tandis

----

(1) Lloyd.

(2) Traité des grandes opérations militaires , par Jomini , tom. 1 , pag. 128.

(3) Journal de l'armée de Catalogne , par le maréchal Saint-Cyr (1808 et 1809).

qu'à Bordeaux l'illustre héroïne faisait respecter le pouvoir et admirer sa bonté, le Prince divisa son armée en trois corps (1) , marcha de sa personne au Pont-Saint-Esprit , passa le Rhône , attaqua, et il devait le faire sans delai (2); car de son exemple et du premier coup de sa fortune devaient naître de nouvelles espérances, et, surtout, de nombreux défenseurs. « *L'on doit combattre* , disait le duc » d'Albe à ses généraux , *lorsqu'au commencement* » *d'une guerre on veut donner de la réputation à* » *ses armes , raffermir la fidélité chancelante des* » *sujets , retenir les alliés , et empécher les ennemis* » *couverts de se déclarer* (3). » Telle était la position

---

(1) L'on doit partager son armée en autant de corps qu'on peut le faire sans risques , *afin d'entreprendre plusieurs choses à la fois. Cette disposition est également propre à l'offensive et à la défensive.* (Montécuculli.)

(2) « L'on doit toujours commencer la guerre par quelque » action d'éclat , et ne pas se laisser prévenir par l'ennemi. *S'il* » *incline à combattre , il faut aller au-devant plutôt que de l'at-* » *tendre.* (Commentaires sur Polybe , tom V. , pag. 35o.)

» Dès que la résolution est prise pour quelque opération » importante , l'exécution doit suivre de près : il faut exécuter » promptement et avec vigueur, dit Montécuculli , ne plus » écouter ni doutes , ni scrupules ; supposer que tout le mal » qui peut arriver , n'arrive pas toujours , soit que la Provi- » dence le détourne , ou que notre adresse l'évite. »

(3) C'est dans la vie de ce général célèbre , qui , pendant soixante ans de guerre , ne fut jamais ni battu , ni surpris ,

du Prince. Il combattit : la Drôme fut franchie, et il ne fallait plus que quelques nouveaux succès sur des troupes déjà battues , pour voir l'armée royale dans les murs de Lyon ; l'Ouest et le Nord se lever en masse à ce signal de victoire , et la France reconquérir ainsi, d'elle-même, et ses libertés et ses rois. Mais le Prince fut victime de sa magnanimité et de l'excès de sa confiance : des hommes investis du pouvoir la trahirent , et leur autorité sut créer des imitateurs.

Toutefois, les revers de la fortune ne sauraient faire condamner ici la justesse des dispositions. Et si, après avoir considéré le plan d'offensive sous le rapport de l'art, nous l'examinons dans ses résultats politiques, l'on en trouvera la plus solide défense dans les craintes qu'il inspira à Napoléon, dans les obstacles qu'il opposa à ses projets. Voici comment :

Avant de se présenter sur les rivages de Cannes, Buonaparte avait préparé, sourdement, tout ce qui pouvait en assurer l'impunité. Ainsi, tandis que la conspiration s'organisait en France, des agens habiles parcouraient diverses cours, d'autres suivaient la marche du congrès de Vienne, et calculaient sur ses

---

ni prévenu ; de ce général qui avait pour maxime favorite , lorsqu'on le pressait d'attaquer : « *Que de tous les événemens* » *de la guerre, le plus incertain était la victoire* » ; que je me plais à trouver celle qui prescrit aussi *la nécessité de l'attaque* , et l'habile développement des motifs qui la commandent.

4

délibérations leurs espérances ou leurs craintes. Dans cette position, il fallait s'efforcer de rallier à la cause illégitime tous ceux qui, dans des temps plus heureux, en avaient été l'ouvrage. Des paroles furent portées à Naples, et Murat, chancelant sur le trône des Tancrèdes, croyant que la force des armes pouvait seule l'y consolider, promit (1) de prendre l'offensive au premier signal, de marcher sur Rome, de battre les Autrichiens et de proclamer l'indépendance de l'Italie. Aussi, ayant connu dès le 5 mars l'évasion de l'île d'Elbe, il déclara à la Cour de Rome, *qu'il regardait la cause de Napoléon comme la sienne*, et fit occuper par deux divisions les États du Saint-Père. Le 19 mars, son quartier-général était à Ancône ; peu de jours après il ouvrit la campagne, avec une armée de 50,000 hommes, menaçant toute la ligne du Pô et dirigeant des forces vers les Alpes.

Tandis que Joachim poussait rapidement l'offensive, Napoléon, une fois maître de Paris, devait porter un corps considérable de troupes par le Simplon et le Mont-Cenis, déboucher dans les plaines du Piémont, s'emparer de Turin, effectuer sa jonction ; et après avoir soulevé la haute Italie, pour occuper une partie de ses ennemis, revenir en France,

---

(1) Le 25 février 1815.

se présenter sur la Sambre, et rappeler les Belges sous le joug, au nom d'une feinte liberté.

· Ainsi fut habilement combiné, dans les intérêts d'un seul homme, le vaste plan qui pouvait réaliser ses gigantesques conceptions, s'il eût conservé sa vieille audace, si la France eût voulu le seconder. En effet, que n'aurait-il pas pu se promettre après la réunion de deux armées, sinon égales en valeur, du moins séduites par le même prestige, lorsqu'il aurait eu Naples, Rome, Milan, Turin, Paris dans la sphère de sa puissance et surtout de son activité?

Mais Napoléon n'eut pas plutôt connu l'attitude menaçante du duc d'Angoulême, dans le Midi, et sa marche rapide sur le Rhône, qu'abandonnant le roi de Naples à sa mauvaise fortune, il ne pense qu'aux moyens à prendre pour arrêter une diversion qui peut lui devenir funeste : au lieu d'accourir vers les Alpes, et de les franchir rapidement, ses troupes se dirigent en poste sur Lyon, aux ordres de M. de Grouchy. Ce mouvement inattendu détruisit l'ensemble des opérations et perdit Joachim. Comptant sur les forces auxiliaires promises, il s'était avancé, dans les derniers jours de mars, sur Modène et Florence, lorsque, attaqué à son tour par les généraux Bianchi, Mohr et Neiperg, il fut d'abord repoussé dans Cesène, et, bientôt après, vaincu à Tolentino.

Telle fut donc l'influence de l'offensive prise par

Monseigneur, qu'elle empêcha une réunion qui serait devenue pour l'Europe la cause d'une révolution nouvelle, et un objet de crainte pour ses Rois. Que dis-je! elle fit plus encore: cette valeureuse entreprise venait de signaler le héros. La France n'avait plus de vœux à former pour savoir qui viendrait, dans l'avenir, renouveler l'éclat de ses armes et garantir son indépendance.

FIN.

www.ingramcontent.com/pod-product-compliance
Lightning Source LLC
Chambersburg PA
CBHW071516030726
47593CB00003B/1283